ALPHABET

ET

LIVRE DE LECTURE,

A L'USAGE

DES ÉCOLES PRIMAIRES.

TOUL,

A LA LIBRAIRIE DE Ve BASTIEN,

RUE MICHATEL, N° 546.

—

1845.

TOUL, IMPRIMERIE DE Vᵉ BASTIEN.

A	B
C	D
E	F
G	H

I J	K
L	M
N	O
P	Q

R	S
T	U
V	X
Y	Z

a	b
c	d
e	f
g	h

i j	k
l	m
n	o
p	q

r	s
t	u
v	x
y	z

A B C D E
F G H I J
K L M N O
P Q R S T
U V X Y Z

a b c d e f
g h i j k l
m n o p q r
s t u v x y z

ALPHABET EN ANGLAISE.

A B C D E

F G H I K

L M N O P

Q R S T U

V X Y Z

a b c d e f g h

i j k l m n o p

q r s t u v x y z

Voyelles.

a e i o u y

Syllabes.

ba	be	bi	bo	bu
ca	ce	ci	co	cu
da	de	di	do	du
fa	fe	fi	fo	fu
ga	ge	gi	go	gu
ha	he	hi	ho	hu
ja	je	ji	jo	ju
ka	ke	ki	ko	ku
la	le	li	lo	lu
ma	me	mi	mo	mu
na	ne	ni	no	nu

pa	pe	pi	po	pu
qua	que	qui	quo	qu
ra	re	ri	ro	ru
sa	se	si	so	su
ta	te	ti	to	tu
va	ve	vi	vo	vu
xa	xe	xi	xo	xu
za	ze	zi	zo	zu

Lettres accentuées.

é . . . . avec l'accent *aigu.*
à è ù . . . . *grave.*
â ê î ô û . . . . *circonflexe.*
ë ï ü . . . . *tréma.*
ç . . . . *cédille.*

Oraison dominicale.

No-tre Pè-re qui ê-tes dans les ci-eux, que vo-tre nom soit sanc-ti-fi-é : que vo-tre rè-gne ar-ri-ve; que vo-tre vo-lon-té soit fai-te en la ter-re com-me au ci-el : don-nez-nous au-jour-d'hui no-tre pain quo-ti-di-en : et par-don-nez-nous nos of-fen-ses com-me nous par-don-nons à ceux qui nous ont of-fen-sés, et ne nous lais-sez pas suc-com-ber à la ten-ta-tion, mais dé-li-vrez-nous du mal. Ain-si soit-il.

La Salutation angélique.

Je vous sa-lue, Ma-rie, plei-ne de gra-ce, le Sei-gneur est a-vec vous; vous ê-tes bé-nie en-tre tou-tes les fem-mes, et Jé-sus le fru-it de vos en-trail-les est bé-ni.

Sain-te Ma-rie, Mè-re de Di-eu, pri-ez pour nous, pau-vres pé-cheurs, main-te-nant et à l'heu-re de no-tre mort. Ain-si soit-il.

Le Symbole des Apôtres.

Je crois en Di-eu le Pè-re Tout-Puis-sant, Cré-a-teur du ci-el et de la ter-re, et en Jé-sus-Christ son Fils u-ni-que, no-tre-Sei-gneur, qui a é-té con-çu du Saint-Es-prit, est né de la Vi-er-ge Ma-rie : qui a souf-fert sous Pon-ce-Pi-la-te, qui a é-té cru-ci-fi-é, est mort et a é-té en-se-ve-li : qui est des-cen-du aux en-fers, et res-sus-ci-té des morts le troi-siè-me jour; est mon-té aux ci-eux, est as-sis à la droi-te de

Di-eu le Pè-re Tout-Puis-sant, d'où il vi-en-dra ju-ger les vi-vans et les morts.

Je crois au Saint-Es-prit; la sain-te É-gli-se ca-tho-li-que; la Com-mu-ni-on des saints; la ré-mis-si-on des pé-chés; la ré-sur-rec-ti-on de la chair; la vi-e é-ter-nel-le. Ain-si soit-il.

Bénédiction avant le repas.

Bé-nis-sez Que se soit le Sei-gneur, Que la main de Jé-sus-Christ nous bé-nis-se, et la nour-ri-tu-re que nous al-lons pren-dre. Au Nom du Pè-re et du Fils, et du Saint-Es-prit. Ain-si soit-il.

Actions de graces après le repas.

Nous vous ren-dons gra-ces pour tous vos bi-en-faits, ô Di-eu

tout - puis - sant ! qui vi - vez et ré-
gnez dans tous les si-è-cles des si-
è-cles. Ain-si soit-il.

Heu-reu-ses les en-trail-les de la
Vi-er-ge Ma-ri-e, qui ont por-té le
Fils du Pè-re é-ter-nel ! Et heu-
reu - ses les ma-mel-les qui ont
al-lai-té Jé-sus-Christ no-tre Sei-
gneur. Que les â-mes des fi-dè-les
re-po-sent en paix par la mi-sé-ri-
cor-de de Di-eu. Ain-si soit-il.

Confession des péchés.

Je me con-fes-se à Di-eu tout-
puis-sant, à la bi-en-heu-reu-se
Ma-rie tou-jours Vi-er-ge, au bi-
en-heu-reux Saint-Michel-Ar-chan-
ge, au bi-en-heu-reux saint Jean-
Bap-tis-te, aux A-pô-tres saint Pi-er-
re et saint Paul, à tous les saints

et à vous mon Pè-re, d'a-voir beau-coup of-fen-sé Di-eu, par pen-sées, par pa-ro-les et par ac-ti-ons : c'est par ma fau-te que je suis cou-pa-ble de tant de pé-chés : oui, c'est par ma fau-te et par ma très-gran-de fau-te. C'est pour-quoi je pri-e la bi-en-heu-reu-se Ma-ri-e toujours Vi-er-ge, le bi-en-heu-reux saint Mi-chel Ar-chan-ge, le bi-en-heu-reux saint Jean-Bap-tis-te, les A-pô-tres saint Pi-er-re et saint Paul, tous les saints, et vous, mon Pè-re, de pri-er pour moi le Sei-gneur no-tre Di-eu. Ain-si soit-il.

Les dix commandemens de Dieu.

Un seul Di eu tu a do re ras
me ras par fai te ment.

Dieu en vain tu ne jureras,
Ni autre chose pareillement.
Les dimanches tu garderas,
En servant Dieu dévotement.
Père et mère honoreras,
Afin que tu vives longuement.
Homicide point ne seras,
De fait ni volontairement.
Luxurieux point ne seras,
De corps ni de consentement.
Le bien d'autrui tu ne prendras,
Ni retiendras à ton escient.
Faux témoignage ne diras,
Ni mentiras aucunement.
L'œuvre de chair ne désireras,
Qu'en mariage seulement.
Biens d'autrui ne convoiteras
Pour les avoir injustement.

Les six commandemens de l'Eglise.

Les fê tes tu sanc ti fi e ras,
Qui te sont de com man de ment.
Les di man ches mes se en ten dras,
Et les fê tes pa reil le ment.
Tous tes péchés confesseras,
A tout le moins u ne fois l'an.
Ton cré a teur tu re ce vras,
Au moins à Pâ ques hum ble ment.
Qua tre-Temps, vi gi les jeû ne ras
Et le ca rê me en tiè re ment.
Ven dre di chair ne man ge ras,
Ni le sa me di mê me ment.

Les sept Sacremens de l'Église.

Bap tê me, Con fir ma ti on, Pé‑
ni ten ce, Eu cha ris tie, Ex trê‑
me-Onc ti on, Or dre et Ma ri a ge.

Principaux devoirs des enfans.

Il faut ai mer Di eu plus que tou-te cho se, par ce qu'il est le Cré a-teur et le maî tre du mon de, et qu'il nous com ble cha que jour de bi en faits.

Il faut rap por ter à lui tou tes ses ac ti ons et ses pen sées ; le pri-er le ma tin et le soir, a vant et a près ses re pas.

A près Di eu, nos pè re et mè re sont ce qu'il y a de plus sa cré pour nous : nous leur de vons la plus en-tiè re o bé is san ce et le plus pro-fond respect.

Res pec tez les vi eil lards et vos su pé ri eurs ; é cou tez leurs con-seils, et con dui sez-vous de ma ni è-re à mé ri ter leurs é lo ges.

Aimez votre prochain comme vous même : nous sommes tous enfans de Dieu ; nous sommes tous frères ; nous avons reçu la même vie ; la même mort nous attend, et l'immortalité est un héritage que Dieu nous a préparé à tous.

Mangez votre pain avec les pauvres et avec ceux qui souffrent la faim, disait le saint homme Tobie à son fils ; partagez vos habits avec ceux qui en manquent. Ne détournez jamais les yeux à la vue des indigens ; soyez charitable selon votre pouvoir ; si vous avez beaucoup, donnez beaucoup ; si vous avez peu, donnez volontiers le peu que vous avez.

On sème au printems pour recueillir en automne ; faites de même : travaillez pendant que vous êtes jeune, et dans l'âge mûr vous jouirez du fruit de votre peine.

Vous entrez dans la vie : vous êtes le maître de la réputation que vous devez acquérir : voyez si vous voulez être compté parmi les gens de bien, ou parmi les malhonnêtes gens. Cela dépend de vous, mais il faut commencer de bonne heure, car quand une fois on a fait de ces fautes qui ont donné une mauvaise idée de nous, il faut bien des années de vertus pour faire re ve nir le pu blic sur no tre comp te.

Au sur plus, pour tou te no tre con dui te dans ce mon de, il n'y a que deux rè gles : vi vez a vec au tru i com me vous vou lez que l'on vi ve a vec vous, et vi vez a vec vous - mê me com me vous vou drez a voir vécu, quand vous pa raî trez de vant Di eu.

L'ENFANT QUI PRIE.

Thérèse, pauvre veuve, disait un jour à ses cinq jeunes enfans : Mes chers enfans, je ne puis rien vous donner à manger ce matin : je n'ai pas de pain, pas de farine, pas un seul œuf à la maison. Priez le bon Dieu de nous aider, car il est riche et puissant, et il a dit invoquez-moi dans le besoin, et je vous délivrerai.

Le petit Chrétien, à peine âgé de six ans, prit à jeun et bien affligé le chemin de l'école. Il passa devant la porte de l'église, qui était ouverte, y entra et se mit à genoux devant l'autel. Comme il n'y voyait personne, il prononça à haute voix cette prière : « Mon bon Père, qui êtes aux cieux, nous sommes plusieurs enfans qui n'avons rien à manger. Notre maman n'a plus de pain, plus de farine, pas même un œuf. Donne-nous toi-même notre nourriture, afin que nous ne mourions pas de faim avec notre bonne mère. Ah! aide-nous. Tu es riche et puissant, tu peux facilement nous secourir;

Tu nous l'as promis, daigne maintenant tenir ta parole. »

C'est ainsi que pria Chrétien dans la simplicité de son cœur, et il se rendit à l'école; lorsqu'il revint à la maison, il vit sur la table une grande miche de pain, un plat de farine et une corbeille d'œufs. « Dieu soit béni ! s'écria-t-il, transporté de joie. Il a entendu ma prière : Maman, est-ce un ange qui a apporté tout cela par la fenêtre ?

— Non, répondit la mère, mais Dieu a exaucé tes vœux. Lorsque tu priais devant l'autel, la femme de notre maire était à l'église, à genoux dans une chapelle voisine. Tu ne pouvais la voir; mais elle t'a aperçu et a entendu ta prière. Sa bienfaisance a pourvu à nos besoins ; voilà quel est l'ange dont Dieu s'est servi pour nous secourir. Maintenant, mes enfans, remerciez tous Dieu, soyez joyeux, et n'oubliez jamais cette belle maxime :

Repose-toi sur Dieu, laisse agir sa bonté :
Il promet son secours à ton humilité.

LA PENSÉE.

« Maman, disait un jour Sophie, pourquoi appelle-t-on *pensées*, ces jolies fleurs bleues qui croissent au bord de ce clair ruisseau ? »

« Ma chère enfant, lui répondit sa mère, j'accompagnais un jour jusqu'à ce ruisseau ton père, qui entreprenait un long voyage. Alors, il me dit de penser à lui toutes les fois que je verrais une de ces fleurs, et de ne pas l'oublier un instant. Dès ce moment, nous leur avons donné le nom de pensées. »

Sophie reprit : « Mais moi, je n'ai pas encore été obligée de me séparer de mes parens, de mes frères et sœurs ou de mes amis. Je ne sais donc pas de qui cette fleur pourrait me rappeler le souvenir. »

La mère répondit : Je vais te nommer quelqu'un à qui cette fleur doit te faire penser ; c'est celui qui l'a créée. Chaque fleur des jardins ou des champs est une pensée qui nous rappelle le Créateur. Oui,

Dans chaque fleur de la prairie,
Nous lisons du bon Dieu la puissance infinie.

L'ÉCHO.

Le petit George n'avait pas encore la moindre idée d'un écho. Un jour il s'avisa de crier au milieu des prairies : ho ! ho ! et il entendit sortir aussitôt les mêmes mots du bosquet voisin : ho ! ho ! L'enfant, étonné, se mit à crier: Qui es-tu ! Sur quoi la voix mystérieuse reprit aussitôt : Qui es-tu ? George s'écria : il faut que tu sois un sot garçon ; — sot garçon, répéta la voix du fond du bosquet.

Pour le coup, George se mit en colère, et redoubla les injures qu'il envoyait vers la forêt. L'écho les lui rendit toutes fidèlement. Là dessus il chercha l'enfant qu'il supposait lui répondre, dans toute l'étendue du bocage, pour s'en venger, mais il ne trouva personne.

Après cette recherche infructueuse, George courut à la maison, et se plaignit à sa mère de ce qu'un méchant garçon s'était caché dans la forêt pour l'injurier : Pour le coup, mon fils, tu t'es trahi, et tu t'accuses toi-même, lui dit-elle. Apprends que tu n'as rien entendu que tes propres paroles ; car, de même que tu as plus d'une fois vu ton visage réfléchi dans l'onde, ainsi tu viens d'entendre ta propre voix dans la forêt. Si tu avais crié une parole obligeante, tu n'aurais pas manqué d'en recevoir une pareille. C'est ainsi qu'il arrive toujours ici bas. La conduite des autres à notre égard est ordinairement l'écho de la nôtre. Si nous en usons honnêtement avec eux, ils en useront de même avec nous. Mais si nous sommes durs et grossiers envers nos semblables, nous ne pourrons rien attendre de mieux de leur part.

Ce que l'on crie au fond du bois,
L'écho le redit chaque fois.

LES POMMES.

Un matin, le petit Grégoire aperçut de sa fenêtre, dans le verger du voisin, une quantité de belles pommes rouges éparses sur l'herbe.

Grégoire descendit au plus vite ; il se traîna sur le ventre dans le jardin, par une ouverture qui se trouvait dans la haie, et remplit de pommes les poches de sa veste et de son habit.

Mais tout-à-coup le voisin parut à la porte du jardin, un bâton à la main. Grégoire se sauva de toute la vitesse de ses jambes, et voulut sortir à la hâte, en rampant à travers le trou par lequel il était entré.

Mais le petit voleur resta pris dans l'étroite ouverture, à cause du volume de ses poches, qu'il avait trop bien garnies. Il fut obligé de rendre les pommes qu'il avait dérobées, et fut, en outre, puni sévèrement de son larcin.

« Souviens-toi, lui dit le voisin :

Qu'un bien acquis injustement
Porte avec lui son châtiment.

LE CARRÉ D'ŒILLETS.

O petite maman, donne-nous à chacun un carré de fleurs qui nous appartienne, un à moi, un à Gustave et un à Malvina, et alors chacun cultivera le sien.

Ainsi parla le petit Frédéric à sa mère, et la mère lui accorda sa demande, et donna à chacun un carré de beaux œillets. Les enfans en eurent une grande joie; ils disaient : Quand les œillets seront en fleurs, ce sera superbe ; car ce n'était pas encore le tems des œillets, mais ils avaient déjà des boutons.

Cependant Frédéric, plein d'impatience, avait bien de la peine à attendre le moment de la floraison, et il désirait que ses œillets fleurissent avant tous les autres.

Il allait à chaque heure voir ses œillets, il les prenait dans la main, contemplait leurs boutons, et était tout joyeux quand une petite feuille rouge ou jaunâtre brillait à travers les fentes de la verte enveloppe.

Mais, enfin, il s'ennuya d'attendre, il ouvrit les boutons avec ses doigts, et déplia toutes les petites feuilles de la fleur; puis il cria d'une voix triomphante : Venez voir, mes œillets ont fleuri ! Mais quand le soleil brilla sur les fleurs, elles penchèrent tristement la tête, et leurs feuilles étaient en désordre et flétries avant midi, et le petit garçon pleurait.

Enfant impatient ! lui dit la mère, Dieu veuille que ce soit la dernière joie de ta vie que tu gâtes par ta faute ! tu n'auras pas acheté trop cher le grand art de savoir attendre.

LE RETOUR DU PÉLERIN.

Un pélerin revenait des pays lointains dans sa patrie, et son ame était pleine d'un doux espoir ; car il y avait de longues années qu'il n'avait point vu ses parens et ses frères chéris : c'est pourquoi il se hâtait fort. Mais la nuit le surprit au milieu des montagnes, et l'obscurité était si grande, qu'il ne voyait pas même le bâton qu'il tenait à la main. En descendant la montagne, il se trompa de chemin, et il errait çà et là très affligé, disant en soupirant. Ah ! si je pouvais rencontrer un homme qui me remît sur le bon chemin, combien je serais reconnaissant ! Alors il s'arrêta et attendit un guide.

Pendant que le pélerin égaré restait immobile, plein de doute et d'inquiétude, une lumière vacillante brilla au loin dans l'obscurité, et sa lueur le réjouit au milieu des ténèbres. Sois béni, ange de paix, s'écria-t-il ! Tu m'annonces le voisinage des hommes, ta lueur pâle est pour moi comme une aurore.

Il marche à grands pas vers la lueur lointaine, croyant voir un homme qui portait un flambeau; mais c'était un feu follet, sorti du sein des marécages, qui errait au-dessus des eaux croupissantes. Le pélerin marchait vers un abîme.

Tout-à-coup il entendit derrière lui une voix qui lui cria : Arrête! ou tu es perdu. Il s'arrêta, et regarda autour de lui ; c'était la voix d'un pêcheur qui était dans sa barque. Je suis, dit le pélerin, un voyageur égaré ; pourquoi n'irais-je pas vers cette lumière bienfaisante? Lumière bienfaisante! dit le pêcheur; c'est ainsi que tu appelles la lueur trompeuse qui attire le voyageur à sa perte ? Les puissances souterraines font sortir des marais infects la vapeur de la nuit, pour imiter l'éclat de la douce lumière. Vois comme elle erre incertaine au milieu de l'obscurité. Il dit, et le feu trompeur s'évanouit.

Le pélerin remercia le pêcheur du fond de son ame, car il lui devait son salut. Mais le pêcheur répondit : J'ai fait ce que tout homme doit faire pour un frère égaré : comment pourrait-on le laisser dans son erreur, et ne pas chercher à le remettre sur le bon chemin ? C'est Dieu que nous devons remercier tous deux ; moi, de ce qu'il m'a choisi pour être un instrument de sa bienfaisance ; toi, de ce que je me suis trouvé sur ma barque à cette heure.

Là dessus le bon pêcheur quitta sa barque, accompagna quelque tems le pélerin, et lui montra le chemin qui conduisait à la maison de ses parens. Alors le pélerin marcha avec joie et confiance, apercevant de loin, à travers les arbres, la lumière paisible et modeste du toit paternel ; et elle lui était doublement chère à cause des dangers qu'il avait courus, et de l'égarement dont il avait été retiré. Il frappa à la petite porte ; elle s'ouvrit ; et son père, sa mère, ses frères et ses sœurs se jetèrent à son cou et l'embrassèrent en pleurant de joie.

PRÉCEPTES

DE CIVILITÉ ET DE POLITESSE.

Les hommes étant nés pour la société, sont par le besoin qu'ils ont les uns des autres, obligés d'en resserrer les liens par des manières d'agir et de parler, et par une aimable prévenance qui rendent entr'eux les relations plus agréables et plus faciles.

La civilité est le complément de la vertu, et l'honnête homme ne peut que gagner beaucoup à être en même tems un homme honnête; car il faut faire une différence entre eux, puisque le premier est celui qui suit exactement les lois de la vertu, dont les intentions sont pures, et à qui la conscience ne reproche rien, et que le second observe simplement les préceptes de la politesse. Il serait à désirer que ces deux qualifications se trouvassent toujours réunies chez les hommes.

L'enfant ne peut donc de trop bonne heure être imbu des principes de civilité et de politesse que tout homme doit connaître; il doit *respect* à ses supérieurs, *bienveillance* pour ses égaux et *indulgence* pour ses inférieurs; il doit aussi ne jamais oublier ce précepte de charité toute fraternelle : *Ne faites pas aux autres ce que vous ne voudriez pas qu'on vous fît; faites-leur ce que vous voudriez qui vous fût fait à vous-même.*

DEVOIRS ENVERS NOS SUPÉRIEURS.

Nos supérieurs étant d'abord naturellement notre père et notre mère, nous devons les aimer, les vénérer, et avoir pour eux une vive reconnaissance pour les soins qu'ils prennent de notre enfance; être soumis à leurs ordres, écouter leurs avis, et ne paraître devant eux qu'avec un air modeste et respectueux. L'histoire nous apprend que chez les peuples les plus anciens, ces devoirs étaient religieusement observés. Nous ne devons jamais oublier, le matin, d'accourir auprès de nos père et mère, de nous informer de leur santé et de leur souhaiter une journée heureuse. Nous devons aussi le soir, avant de nous coucher, leur témoigner que nous désirons pour eux une nuit heureuse. Cet empressement plaît à de bons parens et leur fait voir qu'ils ont l'amour de leur famille.

Après nos père et mère viennent nos autres parens, à qui nous devons les mêmes devoirs, quoiqu'à des degrés différens; puis les ministres de la religion, à qui nous devons respect et déférence, à cause du caractère sacré dont ils sont revêtus; ensuite les magistrats, envers lesquels nous devons être soumis et respectueux, car ils sont les organes et les ministres de la loi.

Nos instituteurs ou institutrices, qui sont chargés de former notre cœur et notre esprit, et qui travaillent à notre éducation, ont aussi droit à notre reconnaissance, à notre amour et à notre respect.

Les vieillards, qui sont nos supérieurs par l'âge et l'expérience, réclament encore nos égards et notre considération. Chez les Grecs et chez plusieurs peuples anciens, ils étaient un objet de vénération, et chez les sauvages de l'Amérique, ils sont respectés d'une manière digne de servir d'exemple.

DEVOIRS ENVERS NOS ÉGAUX.

Tous les hommes sont égaux devant Dieu et devant la loi. Cependant l'âge, les services rendus au pays, les fonctions honorables et importantes, le mérite, la science, les talens, forcent de reconnaître différentes classes dans la société. En effet, les enfans ne peuvent être les égaux des pères et mères; les ignorans, des hommes instruits; les domestiques, de leurs maîtres.

Les égaux d'un enfant sont ses frères et sœurs, ses camarades d'étude, les enfans ou les jeunes gens du même âge que lui; il doit les aimer, être doux et poli avec eux, ne pas faire contre eux de faux rapports, et dans la récréation ou dans les jeux, ne pas se livrer à l'emportement ou témoigner de la mauvaise humeur. Avec eux, le ton plaisant et badin est permis, mais s'il dégénère en moquerie, il devient condamnable; car la moquerie blesse l'amour-propre, et de l'amour-propre blessé il résulte des inimitiés et parfois des haines envenimées qui peuvent troubler la paix des familles et l'harmonie de la société.

Un homme doit regarder comme ses égaux ceux qui sont de la même condition que lui sans être plus âgés. Il doit pratiquer envers eux tout ce que prescrit la charité chrétienne et l'amour de ses semblables; leur faire un accueil affectueux et cordial, avoir envers eux des manières pleines de prévenance et de bonté, ne leur adresser que des paroles bienveillantes, et les aider s'ils en ont besoin; en un mot, les traiter comme nous voudrions être traités par eux.

DEVOIRS ENVERS NOS INFÉRIEURS.

Nos inférieurs sont ceux qui, dans l'ordre social, sont placés au-dessous de nous par une condition moins élevée, des services moins importans, des talens moins éminens; ceux aussi que nous employons ou à qui la loi ou nos fonctions ordonnent que nous commandions; ou bien encore par toute autre cause. Ainsi les enfans sont les inférieurs de leurs parens; les élèves, de leurs maîtres. Toutes les personnes soumises à des chefs sont les inférieurs de ces mêmes chefs. Les devoirs des parens envers leurs enfans sont de les traiter avec douceur, en tempérant la sévérité par l'indulgence; de veiller à leur éducation, et de chercher à en faire des hommes vertueux.

Les domestiques, par les services qu'ils rendent, par leur dévouement, sont en droit d'attendre de leurs maîtres des témoignages d'indulgence et de bonté. D'ailleurs le maître qui se montre méprisant ou brutal se fait haïr d'eux, au lieu que lorsqu'il se montre bon et affable, il se les attache et s'en fait des amis fidèles. Lorsqu'un enfant donne un ordre à un domestique, ce doit être comme un service qu'il demanderait, sans jamais oublier de remercier; car on ne doit pas souffrir qu'un enfant commande en maître.

Si un *inférieur* ou subordonné est plus âgé et plus expérimenté que son supérieur, celui-ci peut lui permettre de lui faire des réclamations, lui donner même des avis; mais le supérieur peut exiger que ce soit d'une manière respectueuse, sans colère, sans insolence, sans malignité et sans indiscrétion.

DE LA PROPRETÉ.

La propreté plaît aux autres, et contribue à la conservation de la santé, ce bien précieux. Elle consiste dans les soins à donner au corps et aux vêtemens.

On doit, tous les matins, en se levant, peigner ses cheveux, se laver les mains et le visage, et se nettoyer légèrement les dents; cette dernière précaution a pour but la conservation de la denture, et de ne point incommoder, par une mauvaise haleine, les personnes à qui l'on parle. On doit souvent se laver les pieds, surtout en été, et de tems en tems prendre des bains entiers.

La propreté veut que l'on ait du linge propre et en bon état; elle n'exige pas que l'on porte de beaux et de riches habits, et qu'ils soient absolument conformes aux modes et formes reçues, mais qu'ils n'aient ni taches, ni trous; que les boutons et les boutonnières soient en bon état, et que le tout soit fait avec quelque soin.

On ne doit pas se ronger les ongles avec les dents, mais les couper avec des ciseaux ; ni mettre ses doigts dans son nez, ni se moucher sur sa manche ou avec ses doigts, mais avec un mouchoir, en le fermant de suite et sans examen.

Si on a besoin d'éternuer, et que l'on soit en présence de quelqu'un, il faut se détourner un peu, mettre son chapeau, son mouchoir, sa main ou sa serviette devant sa figure, jusqu'à ce que la violence de l'éternuement soit passée.

Si l'on est pressé de tousser, il ne faut jamais le faire vis-à-vis le visage de quelqu'un.

Roter est une vilaine action, qui n'est pardonnable que lorsque cela arrive par accident quand on est à jeun.

Si vous êtes pressé de vomir, faites-le en vous détournant en quelque lieu à part : le vomissement n'est honteux que lorsque la gourmandise en est cause.

Tirer la langue en se moquant de quelqu'un est très vilain et dénote une mauvaise éducation.

Quand on est pressé de bâiller, si on ne peut

se détourner, il faut mettre sa main devant sa bouche et éviter que cela arrive fréquemment, car c'est une marque que l'on s'ennuie dans la compagnie où l'on se trouve, ou de ce que l'on dit.

DU MAINTIEN.

Le *maintien* donne de la grace au corps, témoigne des égards pour les personnes avec lesquelles on se trouve, et fait bien présumer de l'honnêteté des mœurs. C'est dans l'enfance que l'on doit chercher à avoir un bon *maintien*, car plus tard il serait bien plus difficile de l'acquérir. Nous devons éviter la nonchalence, qui dénote de la paresse et de l'apathie, et l'affectation, qui annonce de la morgue et de la hauteur. Notre maintien doit être naturel, aisé, réservé sans trop de gravité. Lorsqu'on est debout, la tête et le corps doivent être droits, les pieds peu éloignés l'un de l'autre et un peu en dehors, les bras tombant naturellement ; on ne doit ni faire de contorsions, ni s'appuyer négligemment contre quelque chose.

Lorsque l'on est assis, il faut l'être tranquillement, ne pas gêner ses voisins, ne pas mettre les pieds sur les bâtons des chaises, et éviter toute posture inconvenante.

Lorsque l'on marche, il faut que ce soit sans affectation, sans traîner les pieds ni battre le plancher, sans se tenir trop raide, sans avoir les bras aux côtés ou sans les balancer.

DES RENCONTRES ET DU SALUT.

Lorsque l'on rencontre un ami, un maître, un parent, un supérieur, enfin toute autre personne que l'on connaît, on doit saluer ; il est aussi d'usage de le faire, même envers des personnes que l'on ne connaît pas, lorsqu'on est à la campagne ou dans un lieu isolé, ou que l'on se trouve avec des personnes qui saluent ; on doit se ranger, saluer et proférer un mot d'excuse lorsque l'on passe devant quelqu'un dont on pourrait gêner le passage.

Dans un salon, un bal ou une autre réunion, après un salut général qui doit se faire en entrant, on doit aborder les maîtres de la maison, les saluer et leur présenter ses devoirs ; puis saluer encore les personnes que l'on connaît et leur adresser quelques mots de politesse.

Pour saluer, il faut ôter son chapeau avec la main droite, l'abaisser en développant le bras, et pencher un peu le corps vers la personne que l'on salue. Si c'est une dame qui salue, elle doit fléchir un peu les genoux en faisant une légère révérence.

Ne pas saluer est la marque d'un caractère tout-à-fait grossier : on laisse voir par là une sorte de mépris pour les autres, et l'on mérite véritablement d'être soi-même méprisé : *Honore ton semblable pour être honoré toi-même.*

DE LA MANIÈRE DE SE COMPORTER DANS LES RUES, A LA PROMENADE, DANS LES ÉGLISES OU DANS TOUT AUTRE LIEU PUBLIC.

Dans les rues et à la promenade, il faut avoir une démarche régulière, regarder devant soi, ne heurter, ni coudoyer personne, ne pas trop gesticuler, chercher à ne pas crotter ceux avec qui on marche ; prendre le bas du pavé lorsque l'on est avec quelqu'un, ou pour laisser passer une dame. Il faut aussi ne pas parler trop haut, ne pas manger, et ne montrer personne au doigt.

C'est dans les églises principalement que nous devons observer les règles de la bienséance. Nous devons nous y présenter habillés proprement et décemment, y avoir un maintien modeste et recueilli qui montre des sentimens religieux ; éviter de nous y promener, d'y causer, de paraître distrait et de troubler le recueillement des personnes pieuses.

Si par curiosité vous visitez une église, que ce soit hors le tems des offices : n'y parlez que rarement et à voix basse, en examinant l'architecture, les tableaux, etc.; mais surtout, gardez-vous bien d'inscrire votre nom quelque part, car c'est le fait d'un sot.

DES REPAS.

Lorsqu'on se met à table, on doit avoir les mains propres; il ne faut ni trop approcher ni se tenir trop éloigné de son couvert ; ne pas mettre ses coudes sur la table; ne pas se renverser sur le dos de son siége, ni se tenir courbé. La serviette sert à préserver les habits des taches et à s'essuyer les doigts et la bouche; on doit l'étendre sur ses genoux ou en passer un coin dans une boutonnière. On doit tenir sa cuiller, sa fourchette ou son couteau de la main droite, excepté lorsqu'on a de la viande à couper: dans ce cas, on prend la fourchette de la main gauche et le couteau de la droite. Prenez du sel avec la pointe du couteau ; tenez votre verre de la main droite, avec le pouce et les deux premiers doigts ; buvez lentement et sans faire de bruit, et essuyez-vous la bouche après avoir bu. On ne doit rien jeter à terre; il faut placer ce qu'on ne mange pas sur le bord de son assiette, et manger avec propreté et même avec grace. Les enfans ne doivent ni remuer, ni demander à être servis les premiers, mais attendre qu'on les serve, sans donner des signes d'impatience. Si vous trouvez dans le manger quelque malpropreté, il faut la faire disparaître sans que personne s'en aperçoive. Les enfans doivent, à table, ne parler que lorsqu'on les y engage, et se retirer dès qu'on le leur ordonne.

TABLE DE MULTIPLICATION

Pour trouver le produit de deux nombres d'un seul chiffre.

1	2	3	4	5	6	7	8	9
2	4	6	8	10	12	14	16	18
3	6	9	12	15	18	21	24	27
4	8	12	16	20	24	28	32	36
5	10	15	20	25	30	35	40	45
6	12	18	24	30	36	42	48	54
7	14	21	28	35	42	49	56	63
8	16	24	32	40	48	56	64	72
9	18	27	36	45	54	63	72	81

L'usage de cette table est tel que si, par exemple, vous voulez multiplier ces deux nombres: quatre et sept l'un par l'autre, et savoir quel nombre sortira de quatre fois sept, entrez dans la ligne de dessus, où vous trouverez 4, et descendez dans la ligne de côté, où vous trouverez 7; puis traversez jusqu'au-dessous du 4, et vous trouverez qu'il en sortira 28, et ainsi des autres.

MANIÈRE DE COMPTER
PAR NOMBRES ET PAR CHIFFRES

Un.	1.	j.	Vingt.	20.	xx.
Deux.	2.	ij,	Trente.	30.	xxx.
Trois.	3.	iij.	Quarante.	40.	xl.
Quatre.	4.	iv.	Cinquante.	50.	l.
Cinq.	5.	v.	Soixante.	60.	lx.
Six.	6.	vj.	Soixante-dix.	70.	lxx.
Sept.	7.	vij.	Quatre-vingt.	80.	lxxx.
Huit.	8.	viij.	Nonante.	90.	xc.
Neuf.	9.	ix.	Cent.	100.	c.
Dix.	10.	x.	Deux cents.	200.	cc.
Onze.	11.	xj.	Trois cents.	300.	ccc.
Douze.	12.	xij.	Quatre cents.	400.	cccc.
Treize.	13.	xiij.	Cinq cents.	500.	D
Quatorze.	14.	xiv.	Six cents.	600.	D.c.
Quinze.	15.	xv.	Sept cents.	700.	D.cc.
Seize.	16.	xvj.	Huit cents.	800.	D.ccc.
Dix-sept.	17.	xvij.	Neuf cents.	900.	D.cccc.
Dix-huit.	18.	xviij.	Mille	1000.	M.
Dix-neuf.	19.	xix			

FIN.

TOUL, IMPRIMERIE DE Vᵉ BASTIEN.